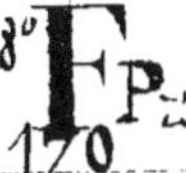

DE

L'IMMUNITÉ DU TRANSPORTEUR

DE

BOISSONS EN FRAUDE

(ARTICLE 13, LOI DU 21 JUIN 1873)

PAR

MAURICE CHIPON

DOCTEUR EN DROIT, SUBSTITUT A BESANÇON

(Extrait de la *Revue pratique de droit français*.)

PARIS

A. MARESCQ AÎNÉ, LIBRAIRE-ÉDITEUR

20, rue Soufflot, au coin de la rue Victor-Cousin

—

1878

DE

L'IMMUNITÉ DU TRANSPORTEUR

DE

BOISSONS EN FRAUDE

(ARTICLE 13, LOI DU 21 JUIN 1873)

PAR

MAURICE CHIPON

DOCTEUR EN DROIT, SUBSTITUT A BESANÇON

Extrait de la *Revue pratique de droit français*

PARIS

A. MARESCQ AINÉ, LIBRAIRE-ÉDITEUR

20, rue Soufflot, au coin de la rue Victor-Cousin

1878

CORBEIL. TYP. DE CRÉTÉ

D E

L'IMMUNITÉ DU TRANSPORTEUR DE BOISSONS
EN FRAUDE.

(ARTICLE 13, LOI DU 21 JUIN 1873.)

Dans l'énumération des trois buts que s'est proposés le
gouvernement en présentant la loi du 21 juin 1873, le rapporteur de la Commission indiquait (séance du 17 juin 1873)
celui « d'assurer une répression plus énergique de la fraude
en augmentant les pénalités. » Les articles 12 et 15 ont été
une des applications de cette idée, en même temps que le
législateur créait un nouveau genre de contrevenants, au
regard desquels il faisait dominer le caractère pénal de
la répression (la jurisprudence considérant l'amende comme
une réparation civile du préjudice causé au Trésor), en édic-
tant une peine d'emprisonnement, il enlevait à la régie le
droit de transiger. Ces dispositions nouvelles pour le cas de
transport de boissons en fraude étaient d'une rigueur ex-
cessive en ce qu'elles atteignaient le transporteur de bonne
foi, les compagnies de chemin de fer, dont les agents se trou-
vaient ainsi constamment sous le coup de pénalités, aux-
quelles moralement sinon matériellement il leur était im-
possible de se soustraire; des réclamations s'élevèrent, M. le
député Clément proposa un amendement, la Commission
l'adopta et en fit l'article 13 de la loi, instituant une immunité en faveur de certains transporteurs. L'Assemblée natio-
nale la trouva si sage et si juste qu'elle la vota sans discussion
le 20 juin 1873 et l'étendit non-seulement aux cas prévus par
l'art. 12, mais encore à tous les transporteurs en fraude
punis par les lois antérieures, qu'elles visent les spiritueux
ou les autres matières qui ne peuvent se déplacer sans être
accompagnées d'un titre de mouvement délivré par la régie.

Cet article 13 est ainsi conçu :

« Dans les cas de fraudes prévues par l'article précédent
« et par les lois antérieures, les transporteurs ne seront pas
« considérés, eux et leurs préposés ou agents, comme con-
« trevenants, lorsque, par une désignation exacte et régu-

« lière de leurs commettants, ils mettront l'administration
« en mesure d'exercer des poursuites contre les véritables
« auteurs de la fraude. »

C'est là une innovation considérable dans notre système de
répression des transports frauduleux de boissons. Sous l'em-
pire de la loi du 28 avril 1816, la constatation matérielle du
défaut d'identité entre les feuilles d'expédition de la régie
et les liquides vérifiés constitue la contravention du transporteur sous la garde duquel ils se trouvent et qui dès l'ins-
tant est débiteur envers le Trésor d'une amende que les tribunaux doivent prononcer. Aujourd'hui le contrevenant
est toujours le même, c'est le transporteur ; mais la loi lui
donne le moyen de n'être pas considéré comme tel, d'échapper aux conséquences de l'infraction, s'il désigne les véritables auteurs de la fraude, de telle sorte que l'administration
puisse les poursuivre. C'est l'opinion de la Cour de cassation,
lorsqu'elle dit : « Qu'en sa qualité de transporteur, *Serve*
était pénalement responsable de cette contravention ; qu'il
ne pouvait se soustraire à cette responsabilité que par..... »
(11 mars 1876 : *Bull. Ch. cr.*, 1876, n° 98).

Ce texte en apparence si clair, si facile à comprendre, a
donné lieu dans la pratique à des questions multiples et à
des interprétations différentes que la Cour suprême a dû
rectifier plusieurs fois. Les tribunaux, toujours si scrupu-
leux lorsqu'il s'agit de la fortune et de la liberté des citoyens,
ont cru voir dans l'art. 13 une réforme radicale qui satisfai-
sait leur esprit de justice et d'équité, en leur rendant une
sorte de pouvoir d'appréciation ; souvent ils se sont arrêtés
au but secondaire de la loi : atteindre le véritable auteur de la
fraude ; ils ont négligé de considérer comme contrevenant celui
entre les mains duquel la saisie avait été opérée et ont oublié
le but principal : punir la fraude en tant que fait matériel.

Un point sur lequel il n'y a jamais eu de divergence est la
qualité du contrevenant, qui doit être transporteur pour bé-
néficier de l'immunité de l'art. 13. Ainsi un entrepositaire,
un détenteur quelconque, ne saurait être admis à l'invoquer,
s'il ne justifie pas que les boissons ne lui sont confiées qu'à
charge de transport, s'il ne se retranche derrière un mandat :
la Cour de cassation a décidé que n'était pas transporteur
dans le sens de notre article le destinataire de la marchan-

dise qui, déjà en possession de sa chose, la transporte de la gare à son domicile (5 mai 1876 : *Bull. Ch. cr.*, 1876, n° 116). Le rédacteur de la *Gazette des Tribunaux* (2 janvier 1874) semble regretter que le tribunal de Sens n'ait pas mis en cause le destinataire dont le domestique transportait de la gare en son domicile des alcools frauduleux ; mais c'est à tort, car ce n'était pas l'article 13 qui était applicable.

Tous les transporteurs ne peuvent pas invoquer la loi nouvelle, l'immunité n'est accordée qu'à la bonne foi, c'est-à-dire, suivant une heureuse expression de la Cour de Paris, à l'instrument inconscient de la fraude. Cette opinion n'a pas été admise sans difficultés, quoique le rapporteur de la loi ait dit, en parlant de notre article : « En sorte que notre disposition lui (au transporteur) rendra complétement justice dans le cas où sa *bonne foi* aura été surprise. » Ainsi le tribunal de Marseille, dans un jugement du 18 novembre 1873 (*Gazette des Trib.*, 21 décembre 1873) a inséré : « Que, de plus, on ne saurait faire une distinction entre les transporteurs de bonne ou de mauvaise foi...... que d'ailleurs, les tribunaux répressifs ne peuvent distinguer là où la loi pénale ne distingue pas, » ce considérant visait un individu, arrêté porteur d'une vessie pleine d'eau-de-vie, sans feuille d'expédition, circonstance qui lui était connue. Le tribunal voulait, ainsi qu'il le dit lui-même, « atteindre le véritable fraudeur, celui qui, bénéficiant de la fraude, avait seul les moyens de dédommager le Trésor, » il pensait « prévenir plus efficacement la fraude ». Cette jurisprudence fut bientôt abandonnée, dès le 7 mars 1874, la Cour de Paris (*Journal du Pal.*, 1874, pag. 363) et le 1er août suivant, n'accordait le bénéfice de la disposition nouvelle qu'aux simples transporteurs, qui ne font que prêter à la fraude qu'ils ignorent, un concours purement inconscient. Cette dernière décision fut déférée à la censure de la Cour de cassation, et le pourvoi rejeté le 14 novembre 1874 (*Journ. du Pal.*, 1875, pag. 184) par ces motifs « que cette disposition ne saurait être invoquée que par le transporteur de bonne foi, qui a ignoré la fraude à laquelle il a matériellement concouru ; que cette interprétation conforme à l'esprit dans lequel l'immunité a été créée, est en outre basée sur le texte même de la loi. » Telle est, en effet, la seule interprétation véritable de notre article, et, sans s'arrêter aux travaux préparatoires, qui n'ont en vue que la bonne foi du transporteur, elle est confirmée par un examen attentif de la loi. L'art. 13, en opposant le transporteur au véritable auteur de la fraude, entend ne faire peser que sur ce dernier, s'il est découvert, toutes les suites de la contravention, et il ne peut en être ainsi qu'à la condition que le transporteur aura été complétement étranger à sa préparation ; sera-ce le cas lorsqu'il lui aura prêté son concours en connaissance de cause, surtout en présence de l'art. 12, qui considère comme complices de l'infraction et punit des mêmes peines que l'auteur principal, « tous individus qui auront concerté, organisé ou sciemment procuré les moyens à l'aide desquels la fraude a été commise » ? Le transporteur de mauvaise foi ne procure-t-il pas les moyens les plus efficaces de commettre la fraude, puisque c'est lui qui la réalise, qui la parfait ? Et comment supposer alors que le législateur ait voulu créer une immunité au profit de ceux-là même qu'il punit sévèrement dans une disposition immédiatement précédente ?

Il ne faut pas cependant conclure de là que le commettant, véritable bénéficiant de la fraude, ne peut être poursuivi que si le transporteur est de bonne foi, la mauvaise foi du transporteur ne le fera pas échapper à toute responsabilité pénale, car, s'il est désigné, cette dénonciation devient un premier élément d'information autour duquel on groupe les preuves qui permettent de le citer devant les tribunaux, ce ne sera pas, il est vrai, en vertu de l'art. 13, mais il interviendra la double condamnation de l'auteur principal et du complice par application de l'art. 12, § 2 de notre loi ; c'est cet article qu'aurait dû viser le tribunal de Marseille dans son jugement du 18 novembre 1873, et non l'art. 13.

Deux expressions demandent à être définies exactement, leur sens a donné lieu à quelques difficultés ; l'immunité est créée par la loi nouvelle au profit des transporteurs, de leurs préposés ou agents à l'encontre de leurs commettants ; le législateur paraît avoir indiqué par cette opposition de termes que le transporteur n'est pas le commettant de ses préposés ou agents, en un mot, des personnes qu'il emploie, d'où il résulte que, si un procès-verbal est rapporté contre l'agent d'un transporteur, le commettant n'est pas l'entrepreneur de transport, mais la personne qui a remis à l'entreprise de transport les liquides frauduleux, aussi le domestique sur lequel ils sont saisis ne peut invoquer le bénéfice de l'art. 13 en désignant son patron; l'administration a voulu faire juger le contraire, le tribunal de Versailles s'y est refusé, mais en condamnant toutefois le maître comme civilement responsable du fait de son domestique acquitté; la cour de Paris et la Cour de cassation (16 avril 1875, *Bull. Ch. cr.*, 1875, n° 125) ont cassé cette décision, mais par ce motif que le domestique ayant été acquitté, la condamnation du maître comme civilement responsable devenait *sine causâ*. Cet arrêt laisse toujours en suspens la question de savoir si le maître est le commettant de son domestique : on la tranche aisément en se référant à ce principe, que les formalités du procès-verbal remplies à l'égard de l'agent sont réputées remplies à l'égard de son maître et à la loi nouvelle ; aussi peut-on dire que le transporteur, ses agents ou préposés ne sont qu'une seule personne et que l'immunité, accordée à l'un, profite aux autres pour faire retomber toutes les conséquences de la contravention sur le commettant.

Après avoir cherché à définir nettement les transporteurs dont nous avons à nous occuper, se pose cette question : quelle situation crée aux transporteurs de bonne foi la nouvelle législation, et, en premier lieu, quelles conditions leur impose-t-elle pour les admettre à se prévaloir de son art. 13 ? La loi répond elle-même : «Une désignation exacte et régulière de leurs commettants », par laquelle « ils mettront l'administration en mesure d'exercer des poursuites contre les véritables auteurs de la fraude. » Il est assez difficile d'expliquer le sens du mot *régulière* tel qu'il est employé ici ; jamais, en effet, aucune règle n'a été établie ni quant à la forme, ni quant au mode, ni quant aux personnes, ni quant au lieu, ni quant au temps, pour que cette désignation soit valablement faite, et la jurisprudence s'est, avec juste raison, montrée aussi large que possible pour déclarer régulière la désignation du commettant, elle la sanctionne : faite verbalement ou par écrit, aux employés de la régie ou à toute autre personne qui la dénonce, au moment du procès-verbal, au cours de l'instruction ou à la barre du tribunal. Ainsi il a été jugé que le transporteur en fraude, contre qui procès-verbal a été dressé antérieurement à la loi du 21 juin 1873, peut, au cours des débats, devant le tribunal, postérieurement à la promulgation de cette loi, invoquer l'article 13 et s'en prévaloir (Cassation, 6 juin 1874. — D. P., 1874, 1-144).

La seconde qualité requise dans la désignation du commettant est l'*exactitude*. Il ne suffit donc pas de prouver sa bonne foi et l'existence d'un commettant, il faut de plus le désigner avec netteté, avec précision, de telle sorte qu'aucun doute n'existe sur son identité, et à ce propos on peut se demander si le cas fortuit ou de force majeure, qui enlève tout caractère délictueux au fait matériel, peut être invoqué par le contrevenant transporteur pour être déchargé de l'obligation de désigner exactement son commettant; en d'autres termes, le transporteur jouira-t-il de l'immunité de notre article 13 en justifiant que c'est un cas fortuit ou de force majeure qui le met dans l'impossibilité de faire connaître l'identité de son commettant? La Cour de cassation (1er juillet 1876. — *Gaz. des Trib.*, 7 juillet 1876), sans se prononcer explicitement, paraît pencher dans le sens de l'affirmative dans les circonstances suivantes. Les employés de la régie saisirent, à la gare de Terrenoire, des alcools enregistrés comme bagages d'un voyageur, resté inconnu; ils n'étaient accompagnés d'aucun titre de mouvement, et la Compagnie du chemin de fer, en la personne du chef de gare, fut condamnée à l'amende, quoiqu'elle se retranchât derrière l'article 13 de la loi du 21 juin 1873, se basant, en cassation, pour ne pas faire la désignation exacte de son commettant, sur l'impossibilité matérielle où elle se trouvait au moment de l'acceptation des colis, de s'assurer de l'identité du voyageur; la Cour suprême a rejeté ce pourvoi, mais par ces considérants : « que la brièveté du délai imparti pour l'enregistrement et l'expédition du bagage n'implique à elle seule qu'une simple difficulté et non une impossibilité absolue de vérification », ce qui laisse supposer que la Cour eût sanctionné l'acquittement du transporteur s'il y eût eu impossibilité absolue de vérifier l'identité du voyageur, alors que la contravention existait avec tous ses éléments constitutifs. On peut soutenir, et à bon droit que la loi de 1873 n'a pas modifié aussi profondément la législation de 1816; elle n'a changé ni le caractère ni les conditions de la contravention, elle s'est contentée de créer une immunité nouvelle qui est une exception, et le défendeur qui l'oppose doit prouver qu'il est bien celui à qui elle s'applique, cette preuve est imposée, elle ne saurait être suppléée par des présomptions, et dire : la force majeure est un obstacle à faire la démonstration exigée par l'article 13, nous allons la tenir pour bien et dûment faite, n'est-ce pas présumer là où la loi demande une preuve? Lorsque la force majeure influe sur le fait lui-même de la contravention, celle-ci légalement n'existe pas, mais dans l'hypothèse ci-dessus la contravention subsiste, et il faut distinguer entre l'impossibilité de prévenir le fait délictueux, et l'impossibilité d'en dénoncer le véritable auteur à l'Administration.

Quand cette désignation sera-t-elle exacte? quelles pièces, quels documents devra produire le transporteur? La loi nous donne un *criterium :* « lorsqu'elle mettra l'Administration en mesure d'exercer des poursuites contre les véritables auteurs de la fraude. » Ceci rentre donc dans le pouvoir d'appréciation des tribunaux. Ainsi les dispositions de l'art. 13 n'ont pas été appliquées au voiturier qui, pour toute désignation, avait produit la feuille d'expédition de la régie, inapplicable à son chargement, relatant cependant le nom de l'expéditeur, parce « qu'il ne suffit pas aux transporteurs, pour être à l'abri de toute poursuite, de désigner leurs commettants d'une manière quelconque, notamment par la simple production de l'acquit-à-caution dont ils doivent être munis ;... qu'il faut encore que, par une désignation exacte et régulière, ils mettent l'Administration en mesure d'exercer des poursuites contre les véritables auteurs de la fraude » (Cassation, 6 août 1875. — *Journ. du Pal.*, 1875, pag. 1216). Il est donc nécessaire que le transporteur appuie sa dénonciation sur des documents ou des circonstances qui enlèvent toute espèce de doute sur l'identité du commettant, et, s'il demande à faire cette preuve, il l'administrera par tous les moyens en son pouvoir, admis par le Code d'instruction criminelle. Mais qui sera juge de l'exactitude de la désignation : sera-ce l'Administration qui d'ores et déjà devra cesser toute poursuite contre le transporteur pour ne suivre que contre le commettant, ou le tribunal qui, saisi de l'affaire, aura à discerner entre les deux prévenus traduits à sa barre celui auquel il doit infliger l'amende? Cette mission est du ressort de la juridiction contentieuse ; l'Administration, par ses employés, n'a qu'un droit, celui de constater la fraude, ses attributions ne s'étendent pas au delà, elles sont nettement définies par la loi qui a pris soin de déterminer les formes du procès-verbal auquel elle donne une autorité combattue seulement par l'inscription de faux, et cette foi due jusqu'à inscription de faux ne s'attache qu'aux faits que les agents de la Régie ont le devoir de relever, c'est-à-dire à la fraude et aux énonciations qu'ils enregistrent, sans aller jusqu'à couvrir la vérité des déclarations qui leur sont faites. Aussi la régie, lorsque le commettant lui est désigné, doit-elle, si elle est prudente, assigner devant le tribunal correctionnel et le transporteur et son commettant. Cette manière de procéder est prescrite en termes formels dans la circulaire du directeur général, du 6 juillet 1873. Cette solution est conforme aux principes du droit, et il résulte clairement de l'exposé du rapporteur de la loi (séance du 17 juin 1873) qu'un des buts de l'art. 13 est de simplifier, de rendre moins onéreuse l'action en garantie que le transporteur peut intenter à son commettant, et par là est mise en pleine lumière la véritable portée de notre article 13 qui ne modifie pas la loi de 1816, en tant qu'elle désigne le contrevenant, mais se borne à introduire cette seule innovation de décharger le contrevenant, transporteur de bonne foi, de toute responsabilité pour la faire peser uniquement sur le véritable auteur de la fraude. La première conséquence pratique de cette opinion est l'obligation pour les tribunaux, devant qui sont assignés et le transporteur et son commettant, de mettre tous les dépens à la charge de la partie condamnée sans laisser supporter par la Régie ceux faits contre le prévenu relaxé. La cour de Montpellier (21 décembre 1874. — *Journ. du Pal.*, 1875, pag. 1221), réformant un jugement du tribunal correctionnel, a consacré ce principe ; elle dit dans ses considérants : « On ne saurait induire de cette disposition nouvelle que la Régie est tenue, même avant tout jugement, de délaisser le transporteur, par cela seul que le commettant lui a été désigné, et alors même qu'elle a des doutes sur l'exactitude ou la régularité de cette désignation, ou même elle estime qu'il n'est pas suffisamment établi que le commettant soit le véritable auteur de la fraude ; qu'une pareille extension de l'immunité accordée par la loi de 1873, mettait, dans une foule de cas, les droits du Trésor en péril;... que la poursuite de la Régie embrassant et le transporteur et le commettant désigné, le tribunal devait, avant de prononcer le relaxe du chef de gare Barrau, rechercher lequel des deux était le véritable auteur de la fraude, et si Barrau avait fait de son commettant une désignation exacte et régulière, de nature à mettre la Régie à même de poursuivre le véritable auteur de la fraude;... que par la fraude dont il s'est rendu coupable, Salvagnac (le commettant) a rendu nécessaire la poursuite contre Barrau ; qu'il y a lieu, dès lors, de lui faire supporter, non-seulement les dépens exposés par la Régie, mais encore ceux exposés par Barrau. » La jurisprudence ne s'est pas toujours prononcée dans ce même sens, plusieurs fois elle a refusé de reconnaître au transporteur la qualité de contrevenant, lorsque la Régie avait été mise à même de poursuivre le commettant, et a condamné celle-ci aux dépens exposés par le transporteur, par ce motif qu'ils étaient frustratoires; ce système rend l'Administration seule juge du point de savoir si les prescriptions de l'article 13 ont été remplies: il a été admis par la cour de Rouen, le 13 juin 1874, et par le tribunal de Gray (27 juillet 1875), jugement confirmé par la cour de Besançon. Mais la première de ces décisions, déférée à la Cour suprême, fut cassée sur le pourvoi de l'Administration (15 janv. 1875. — *Journ. du Pal.*, 1875, pag. 431) parce que « si aux termes de l'art. 13 de la loi du 21 juin 1873, les transporteurs ne doivent pas être considérés comme contrevenants, lorsqu'ils auront fait connaître les véritables auteurs de la fraude, il ne s'ensuit pas qu'en leur qualité de transporteurs, détenteurs de la marchandise, ils ne puissent être poursuivis et maintenus en cause jusqu'à ce que, *par le résultat de l'instruction*, les véritables auteurs de la fraude aient été reconnus; que les poursuites dirigées contre Lafeuillade et Névrad (transporteurs) n'ont pas été inutiles à la manifestation de la vérité, d'où il suit que les frais occasionnés par ces poursuites devaient être mis à la charge des prévenus condamnés, au lieu d'être laissés à la charge de la Régie. » La cour de Caen (5 mai 1875. — *Gaz. des Trib.*, 17-18 mai 1875), devant qui cette affaire fut renvoyée, se rangea à l'avis de la Cour de cassation, en reproduisit les

motifs qu'elle corrobora par ce principe « qu'il est de règle
constante que, ceux qui sont reconnus coupables doivent
être condamnés en tous les dépens, sans qu'il y ait lieu de
distraire les frais faits contre leurs coprévenus acquittés. » Il
est donc évident que la présence du transporteur dans la
cause est utile, si ce n'est nécessaire, à la découverte de la
vérité et que c'est une raison de plus pour en faire supporter
les frais par le condamné.

Dans un grand nombre de cas, la Régie ne peut donner
assignation qu'au transporteur, soit parce que le commettant ne lui a pas été désigné, soit parce qu'elle n'a pu le dé-
couvrir, soit pour toute autre cause, et à l'audience le prévenu invoque le privilége de l'article 13 en satisfaisant à ses
prescriptions ; on a vu plus haut qu'il le peut : dans ce cas,
quelques tribunaux ont décidé sur-le-champ que le transporteur remplissait les conditions de l'immunité, ils l'ont acquitté en réservant à l'Administration tous droits de poursuite
contre le commettant désigné. Cette pratique est de nature à
préjudicier aux intérêts du Trésor. Du moment où le fait
matériel de la contravention existe, est légalement prouvé,
et est un point acquis, le Trésor a un droit à l'amende.
Cette amende, en matière de contributions indirectes, est
unanimement considérée par la jurisprudence comme ayant
le caractère d'une réparation civile, et l'ignorance ou la
bonne foi du contrevenant n'ayant d'influence que sur le *quan-
tum* de la condamnation sans toucher à son principe, il doit y
avoir nécessairement un condamné ; et si le transporteur est
mis hors de cause avant que la responsabilité soit attribuée
au commettant, le tribunal préjuge le sort de ce dernier,
puisque l'alternative n'est pas de savoir s'il y a lieu ou non
d'appliquer la peine, mais si la peine frappera le transporteur ou le commettant ; ce dernier cependant peut combattre
la dénonciation du transporteur, en prouvant qu'il n'est pas
le véritable auteur de la fraude, n'a-t-on pas abusé de son
nom, un tiers n'a-t-il pas commis la fraude ; etc., etc. ? l'article 13 cessant alors de lui être appliqué, il devra être acquitté.
La loi sera donc violée, et le Trésor subira un préjudice. Pour
éviter cette impasse, le tribunal doit surseoir de statuer jusqu'au jour où le commettant sera cité à sa barre, sera appelé
à se défendre, et ne rendre son jugement qu'après examen et

contrôle de toutes les prétentions émises devant lui. Tel est le moyen pratique adopté aujourd'hui par la jurisprudence pour concilier et les droits du Trésor et les droits de la défense. On pourrait croire que la Cour de cassation ne l'admet pas, car elle a maintenu (11 mars 1876 : *Bull. Ch. cr.*, 1876, n° 78) un arrêt de la cour de Besançon, qui avait acquitté le transporteur en retenant en cause le commettant pour produire ses justifications, et elle reconnaissait par là que la poursuite pouvait se terminer sans condamnation. Mais un examen attentif de cette décision confirme au contraire l'opinion que nous venons d'émettre. La cour de Besançon a relaxé le transporteur; elle constate en fait qu'il a satisfait à la loi, puisque le commettant « ne décline pas la responsabilité éventuelle de la contravention », la contestation ne portait plus que sur la fraude, si l'expertise, ordonnée par la cour, l'établit, le commettant sera condamné, il en a assumé toute la responsabilité ; si elle ne l'établit pas, il ne saurait intervenir de condamnation. Ainsi la Cour de cassation a rejeté le pourvoi de l'Administration qui voulait retenir en cause le transporteur; en effet, le juge du fait avait souverainement décidé la question de responsabilité.

Ces règles, quoique très-absolues, ont néanmoins des limites, et ce serait exagérer leur rigueur que de condamner toujours le transporteur, même s'il a rempli strictement toutes les obligations que lui impose l'article 13; le seul motif que le commettant ne peut pas être condamné n'est pas suffisant, l'impunité peut lui être acquise par une faute ou une négligence de la Régie. La situation du transporteur l'oblige à justifier de son droit à l'immunité, son rôle est de mettre l'administration en mesure de poursuivre le véritable auteur de la fraude, mais les diligences à faire incombent à l'administration, et si elle se laisse forclore dans son action contre le commettant, soit parce qu'elle laisse expirer le délai de trois mois depuis la contravention sans l'assigner, soit parce qu'elle a commis une nullité dans la procédure, elle est seule responsable de sa négligence ou de ses oublis, et ses prétentions de conclure à une condamnation contre le transporteur n'ont aucun fondement. C'est l'avis de la Cour de cassation (26 juin 1876 : *Bull. Ch. cr.*, 1876 n° 142), et voici les raisons qu'elle en donne : « Attendu que,

pour relaxer la compagnie du chemin de fer, l'arrêt attaqué
s'est fondé sur ces motifs : qu'aucune fraude n'était alléguée
contre elle, qu'elle avait régulièrement désigné son commettant, et que si, *à raison d'une nullité de procédure* commise
dans l'acte d'appel notifié à la requête de la régie, le sieur
Roux (commettant acquitté) ne pouvait plus être recherché
comme étant l'auteur véritable de la fraude, l'impossibilité
de faire retomber sur lui la responsabilité pénale de la
contravention provenait uniquement d'une faute imputable
à la Régie, faute qui ne pouvait avoir pour conséquence
de priver le transporteur de bonne foi de l'immunité créée
en sa faveur par les dispositions de l'art. 13 de la loi du
21 juin 1875. »

Mais, d'un autre côté, le transporteur doit s'imputer à faute
de ne pas avoir mis l'Administration à même de poursuivre
utilement et il ne jouira pas du bénéfice de l'art. 13, si
c'est par son fait que le commettant est nanti du moyen
de repousser les conclusions de la Régie. « Attendu que,
dans l'espèce, cette Administration (la Régie) avait formelle-
ment soutenu dans ses conclusions que cette condition n'a-
vait pas été remplie par les prévenus, puisque, cinq mois s'é-
tant écoulés entre la date du procès-verbal et celle de la promulgation de la loi du 21 juin 1873, la désignation de l'expédition qui n'aurait pu être efficace qu'en vertu de cette loi,
ne permettait pas d'exercer des poursuites utiles contre celui-ci qui aurait été couvert par la prescription de trois mois,
édictée par la loi du 15 juin 1835. » (Cassation, 6 juin
1874. — D. P. 1875, 1. 144.) Cet arrêt casse un arrêt de
la cour de Paris ayant faussement interprété l'article 13 en
ce sens qu'il faisait disparaître toute contravention au regard
du transporteur. Le commettant, celui qui a donné mandat
de transporter, ne peut pas attaquer le procès-verbal des
employés de la Régie sous prétexte que les formalités requi-
ses à peine de nullité, remplies contre le transporteur, ne
l'ont pas été vis-à-vis de lui : c'est un principe admis sans
discussion depuis longtemps ; mais, mis en cause par une
désignation exacte et régulière, il lui reste des moyens de
défense dont l'effet sera de le faire exonérer de toute
condamnation ; il a, pour échapper aux poursuites, tous
les droits d'un véritable contrevenant, la prescription, l'ins-

cription en faux contre le procès-verbal, le cas fortuit, la force majeure, etc. Il peut soutenir que la désignation du transporteur n'est pas exacte, qu'il n'est pas le véritable commettant, que le transport des marchandises frauduleuses a eu lieu contre son gré ; il est aussi recevable à démontrer qu'il n'est pas le véritable auteur de la fraude, celle-ci pouvant provenir du fait de personnes étrangères ; s'il réussit, la condamnation ne le frappera pas, car à ces deux conditions imposées au transporteur, la bonne foi et la désignation exacte et régulière de ses commettants, n'oublions pas d'ajouter cette troisième : que le véritable auteur de la fraude puisse être poursuivi. C'est ce qu'a reconnu la Cour de cassation (31 mars 1876 : *Bull. Ch. cr.*, 1876, n° 98), en cassant un arrêt de la cour de Nîmes du 3 décembre 1875, le transporteur et l'expéditeur avaient été acquittés : le premier parce qu'il avait fait une désignation exacte et régulière de son commettant ; le second parce qu'il avait prouvé n'être pas le véritable auteur de la fraude ; mais la Cour suprême décide « qu'en sa qualité de transporteur, Serve était pénalement responsable de cette contravention ; qu'il ne pouvait se soustraire à cette responsabilité qu'en mettant l'administration en mesure de poursuivre le véritable auteur de la fraude ; mais qu'il est loin d'avoir rempli cette condition, puisque l'expéditeur reconnu étranger à la fraude, a été renvoyé des poursuites dirigées contre lui. »

Le tribunal correctionnel de la Seine (1er mars 1876. — *Gaz. des Trib.*, 2 mars 1876) ne s'est-il pas montré trop sévère envers le commettant ? Il l'a considéré comme le véritable auteur de la fraude sur la désignation du transporteur, quoique ce dernier, antérieurement aux poursuites de la Régie, eût été condamné par le tribunal de commerce à. payer des dommages-intérêts à son commettant pour avaries, déficit des quantités alcooliques transportées, alors que c'étaient ces mêmes quantités dont le déficit avait occasionné le procès-verbal. Le tribunal a raison de dire « que les règles de droit appliquées par la juridiction commerciale sont sans influence sur les principes rigoureux établis par les lois fiscales » ; mais on ne lui demandait pas d'appliquer ces règles de droit commercial aux matières fiscales : la seule prétention de l'expéditeur était d'établir qu'il n'était pas le véritable auteur de la fraude, ceci est un fait matériel qui était constaté par un titre prouvant que le transporteur n'avait pas remis la marchandise telle que l'expéditeur la lui avait confiée, que cette marchandise avait subi une altération, que le commettant était resté étranger à la fraude. Le tribunal a commis une erreur dont la source est la confusion entre les deux situations du transporteur et de l'expéditeur ; ce dernier ne figure dans l'instance en quelque sorte que comme garant de son voiturier, et, si nous rapprochons le jugement commercial du jugement correctionnel, nous voyons cette anomalie d'un expéditeur garantissant son transporteur lorsque celui-ci avait déjà été condamné à le garantir.

En résumé, il résulte de ce qui précède que l'article 13 de la loi du 21 juin 1873 est une disposition nouvelle qui ne modifie pas les principes des lois répressives en matière pénale, elle ne crée qu'un mode nouveau pour le transporteur de bonne foi d'échapper à la condamnation pécuniaire qu'il a encourue par suite de la contravention relevée à sa charge. Ainsi le droit à l'amende subsiste pour le Trésor, il faut qu'une condamnation intervienne ; le transporteur demeure comme avant le 21 juin 1873, le véritable contrevenant, il doit être poursuivi comme tel ; mais il jouit d'une immunité dont l'effet est de le rendre indemne aux conditions suivantes : 1° s'il est de bonne foi ; 2° s'il fait une désignation exacte et régulière de son commettant ; 3° si ce commettant est réellement le véritable auteur de la fraude ; et 4° si l'administration a été en mesure d'exercer des poursuites utiles contre le commettant dénoncé.

Nous nous sommes borné à recueillir et coordonner les décisions judiciaires les plus importantes intervenues sur cette question d'un si grand intérêt pratique, nous avons cherché à en déduire des principes certains sans prétendre aucunement avoir fait un exposé complet de toutes les difficultés que suscite chaque jour l'imagination si féconde des contrevenants aux lois des contributions indirectes.

Maurice CHIPON,
Docteur en droit, substitut à Besançon.

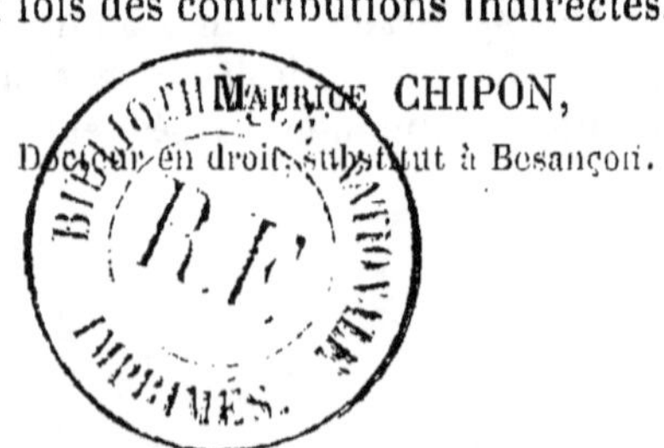

CORBEIL, TYP. ET STER. DE CRÉTÉ